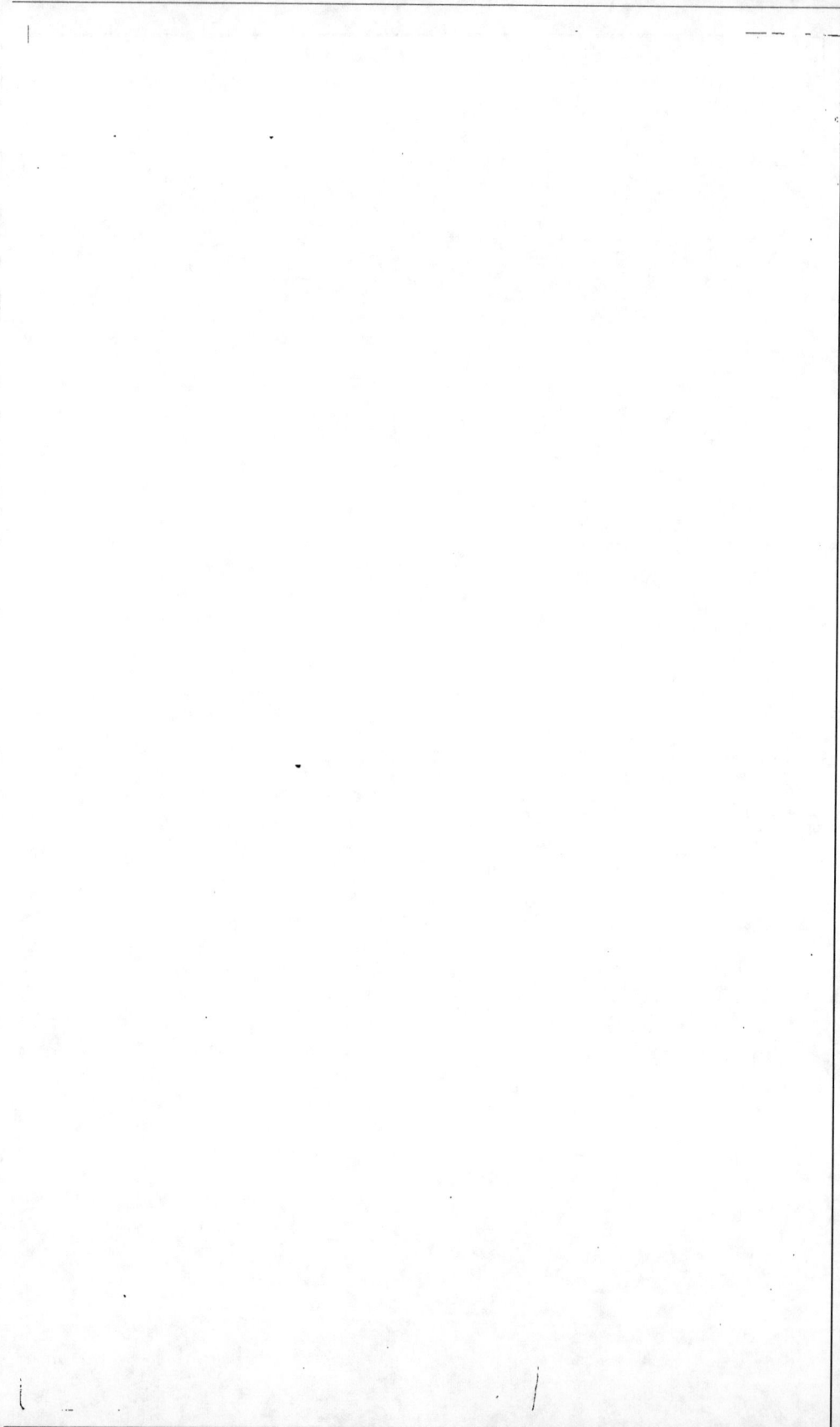

# ÉTUDE

SUR

# GUYTON DE MORVEAU

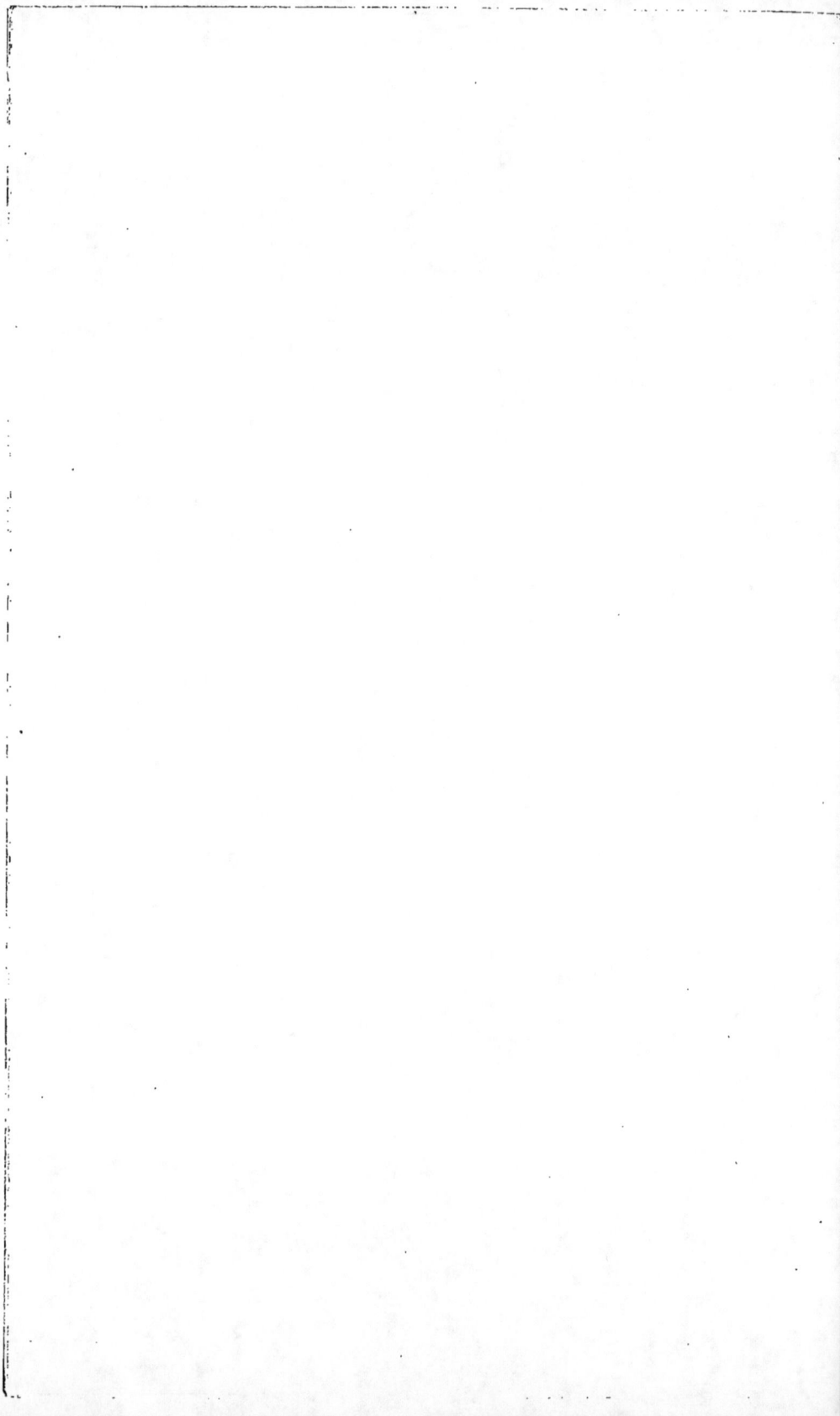

# DISCOURS

## SUR LA VIE ET LES OUVRAGES

DE

## GUYTON DE MORVEAU

Prononcé dans une Conférence littéraire, à Dijon,

LE 10 AVRIL 1869

PAR

**Emmanuel LAGIER**

1871

Je cède au désir de quelques amis de mon fils, en publiant cet essai, qu'il était loin de destiner au grand jour.

Je l'offre à tous ceux qui le pleurent, comme un remerciement d'abord de leurs touchantes sympathies, mais aussi comme un souvenir où ils retrouveront, si je ne m'abuse, quelque empreinte des qualités qui l'ont fait chérir pendant sa trop courte existence.

FIRMIN LAGIER.

Dijon, 28 avril 1871.

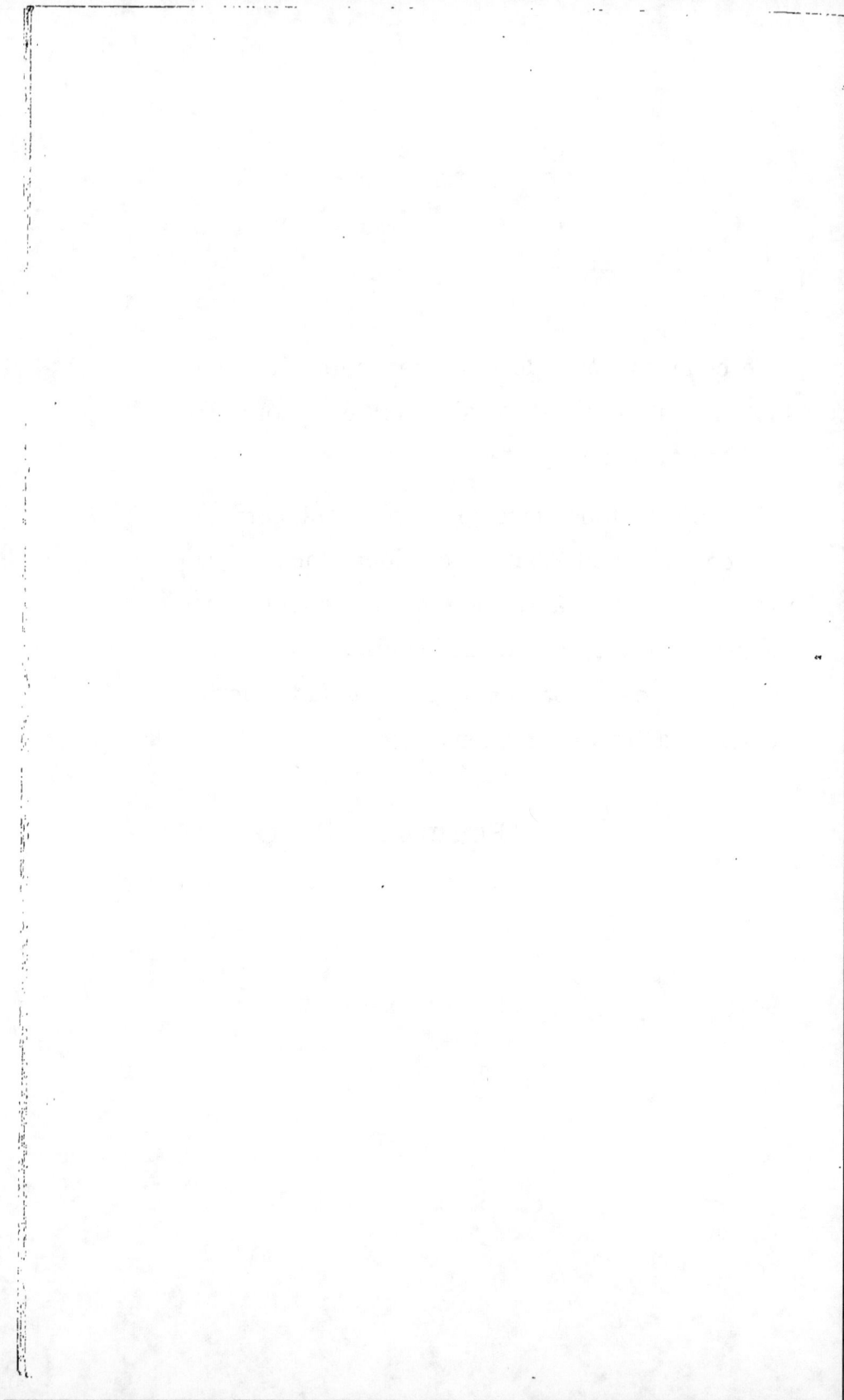

# DISCOURS

## SUR LA VIE ET LES OUVRAGES

DE

## GUYTON DE MORVEAU

MESSIEURS,

Ce n'est pas sans appréhension que j'affronte, pour
la première fois, le périlleux devoir que la conférence
nous impose à tous. Mais avant de vous présenter
une étude dont je sens toute l'imperfection, je veux
vous remercier de m'avoir associé à vos travaux. Je
ne me dissimule pas que dans cette société littéraire
où m'attendait un accueil si affectueux, je n'ai rien
apporté de ce qu'il fallait pour enrichir le fond so-
cial, et que mon seul titre pour y pénétrer, fut la
bienveillance de tous.

Je ne doute donc pas de votre indulgence pour un
essai qui m'a été suggéré par mes études actuelles(1).

---

(1) Il préparait alors son baccalauréat ès-sciences.

J'ai pensé qu'il ne vous déplairait pas d'entendre parler d'un des maîtres de la science, et que les travaux et la vie d'un de nos plus illustres compatriotes, Guyton de Morveau, pourraient vous intéresser. Peut-être partagerez-vous l'admiration que j'ai ressentie pour cet esprit vaste qui embrassa avec un succès presque égal l'étude des lois, des sciences et des lettres. Puissé-je aussi, après vous avoir montré l'homme de bien, le littérateur et le savant, vous faire sentir que sous la robe du magistrat et du professeur qu'il porta tour à tour avec tant d'éclat, régnait une âme d'élite, et battait un cœur vraiment noble et généreux.

Guyton de Morveau naquit à Dijon, le 4 janvier 1737. Nous ne savons rien de précis sur les premières années de sa vie, mais si nous jugeons d'une fleur par les fruits qu'elle donne, tout indique que son enfance fut cultivée par des mains habiles, et qu'elle répondit aux soins qui l'environnèrent.

Après de fortes études littéraires, Guyton se livra avec ardeur à l'étude des lois. Son père Antoine Guyton, professeur distingué à la Faculté de droit, avait su de bonne heure lui en inculquer le goût. La rapidité de ses progrès révéla bientôt à ses maîtres l'étendue de cette intelligence d'élite, et l'avenir brillant qui s'ouvrait devant lui.

Leurs pressentiments ne les trompaient point. Dès l'âge de dix-huit ans, et après avoir obtenu les dispenses nécessaires, Guyton fut pourvu de la charge d'avocat général au parlement de Bourgogne. Une nature vulgaire eût été écrasée sous le poids des devoirs d'un pareil emploi ; mais les âmes fortement trempées grandissent avec les difficultés, et il ne tarda pas à y acquérir une maturité précoce et à s'y distinguer. Il occupa cette charge pendant vingt-sept ans, avec une sagesse et une intégrité que l'on n'a pas oubliées. Aussi habile à bien dire qu'à interpréter les lois, ses discours respiraient, dit-on, cette éloquence qui puise sa force dans le sentiment du juste et dans l'amour du bien.

Comme tous les esprits élevés, Guyton consacra d'abord ses loisirs à la culture des lettres. Il rédigea un mémoire sur l'éducation publique, étude pleine d'idées judicieuses qui protestaient contre les paradoxes contemporains. Son éloge du président Jeannin, son discours sur les mœurs, et plusieurs autres ouvrages qu'il composa sur de grandes questions de législation et de politique prouvent qu'il aurait pu occuper une place honorable parmi les littérateurs et les publicistes de son temps. A l'exemple de ses plus illustres devanciers et de quelques magistrats de son temps, il sacrifia aux muses, et composa quelques pièces de vers parmi lesquelles il faut citer le

*Rat Iconoclaste* ou le *Jésuite Croqué*, poème héroï-
comique, en six chants, qui rappelle parfois la verve
satirique et l'inspiration du Lutrin.

Ces travaux littéraires qui ne furent pas toujours
frivoles, ne nuisirent jamais aux devoirs du magistrat. Il y renonça toutefois pour des études d'un autre
ordre. Le goût des sciences, qu'il avait toujours ai-
mées, se développa tout à coup dans cet esprit sérieux et profond. Leurs démonstrations rigoureuses,
leurs applications pratiques, leur utilité bienfaisante
convenaient mieux à son caractère que les satisfactions
plus brillantes de la littérature. Ses préférences l'at-
tachaient surtout à la chimie, à peine sortie des ténè-
bres où les mensonges de l'alchimie l'avaient si longtemps plongée, et qui offrait alors tant d'idées
faussesà rectifier et de vérités importantes à découvrir.

Sa vocation était donc décidée. Toutefois, il n'aban-
donna pas encore la magistrature. Homme de devoir
avant tout, il ne se crut pas permis de le sacrifier à
ses inclinations, et pendant longtemps encore, les
sciences physiques ne seront pour lui qu'un honorable délassement. Mais un jour viendra où l'entraî-
nement du succès leur donnant une prépondérance
incompatible avec ses fonctions, il saura résigner
celles-ci pour se vouer tout entier aux travaux de
cette nouvelle carrière qu'il a plus spécialement illus-

trée, et où nous le suivrons désormais à la trace de
ses découvertes et de ses bienfaits.

A cette époque, la chimie n'était plus cette science
occulte justement méprisée par les véritables savants, et dont les règles écrites en style hiérogly-
phique ne se vaient qu'à occuper la curiosité publique.
Elle avait pour jamais abandonné ces chimères à l'or-
gueilleuse ignorance de quelques insensés qui cher-
chaient la pierre philosophale ou la panacée uni-
verselle, et se paraient fièrement du titre d'alchimistes.

Au lieu de chercher des secrets impossibles, la chimie nouvelle avait découvert des vérités utiles, posé
des principes clairs et féconds, établi des preuves sur
l'expérience et l'observation, et elle était ainsi deve-
nue une partie des plus curieuses et des plus importantes de la philosophie naturelle.

Mais ces progrès étaient encore enfermés dans le
laboratoire des savants. L'on ignorait trop générale-
ment ce triomphe récent de la vérité, et ce nouveau
monde ouvert aux sciences médicales et à l'industrie
qui allaient y découvrir les plus riches trésors et
des secours si précieux pour l'humanité. Guyton
résolut de lever le voile qui cachait ces heureuses découvertes, et conçut la pensée de les divulguer non pas seulement à l'aide des livres qui ne

s'ouvrent qu'au petit nombre, mais par un enseignement public, à la portée de tous. Un siècle avant le
nôtre, il inventait ces cours populaires qu'il faudrait
bénir, si la parole n'y était donnée qu'à des hommes
de bien et de vrai savoir, comme celui dont nous
parlons.

Il était alors chancelier de l'Académie de Dijon, et
avec l'autorité que lui donnait ce titre conquis par les
plus utiles travaux, il sollicita des Etats de Bourgogne, la fondation de cours publics de chimie, des-
tinés à familiariser les esprits avec le nouvel ordre de
vérités physiques qu'il avait contribué à découvrir.
Il présenta d'abord à l'Académie de Dijon un mémoire dans lequel il explique le but qu'il se pro-
pose, et développe les avantages qui doivent résulter
de cet enseignement.

« Une révolution, dit-il, s'opère dans les esprits :
« ils s'éclairent de plus en plus. Mais cette révolu-
« tion déjà fort avancée dans la capitale, ne peut
« s'étendre dans les provinces que par le moyen de
« cours publics. Les hommes ayant plus de facilité
« pour s'instruire, s'instruiront davantage. De
« quelle grande utilité sera pour les habitants, non-
« seulement de Dijon, mais pour ceux que la répu-
« tation de cette ville y attirera, cette science dont
« l'application est si familière dans l'usage de la vie,
« et qui rend compte des découvertes et des applica-

« tions industrielles. Et tous ceux qui voudront
« s'instruire dans cette science contribueront sans le
« savoir, aux progrès de la vérité, en augmentant le
« nombre des voix qui décrient les vieilles erreurs,
« en forçant les professeurs à remplir leur attente, en
« réduisant à un silence humiliant ceux qui, dégui-
« sés sous la robe de docteur, n'osent parler chimie
« qu'à ceux qui ne l'entendent pas. »

Le rapport intime de la chimie avec toutes les pro-
fessions qui se rattachent aux infirmités humaines,
devenait un motif plus pressant encore d'ouvrir une
école où elle fût enseignée. Cette science pouvait
seule apprendre à prévoir avec quelque certitude
l'effet des remèdes, à combiner leur action, à en
proportionner les doses, à en connaître et à en préparer les éléments. Or, la plupart des médecins igno-
raient à peu près complètement cet art et ces opérations indispensables. Que l'on se reporte en effet à
cette époque, et l'on verra combien la médecine était
alors une puissance redoutable. N'ayant pas étudié
les propriétés des corps, ni les affinités de leurs par-
ties constituantes, l'homme de l'art manquait de
boussole pour se guider sûrement au début des maladies, et lorsque leur complication, le tempérament
des malades, ou d'autres circonstances nécessitaient
quelques modifications dans le traitement, c'est alors
surtout que les médecins devenaient de véritables

fléaux, et qu'il fallait trembler. La nature formait souvent à leur insu des combinaisons lorsqu'ils croyaient n'avoir prescrit que des mélanges; souvent du concours de deux principes actifs, il résultait un corps neutre, et peut-être, un poison de la réunion de plusieurs substances inoffensives. Il fallait donc s'estimer heureux si le breuvage présenté au malade n'était, comme le disait Guyton de Morveau : « Qu'un « chaos inerte, où tous les éléments confondus s'en-« chaînant réciproquement, n'eussent pour effet que « de fatiguer inutilement le malade. » Mais que de fois, hélas! dans ces temps d'ignorance et d'erreur, les familles éplorées n'eurent d'autre consolation que d'avoir vu l'objet de leurs plus chères affections succomber dans les règles.

Les apothicaires et les médecins des campagnes étaient, s'il se peut, plus ignorants encore que les médecins des villes, pour la plupart licenciés des universités où ils avaient dû acquérir quelques-unes de ces connaissances. Une foule d'ignorants pratiquaient sans titre légal cette redoutable profession dans laquelle on exerce impunément un véritable droit de vie et de mort sur ses semblables. Ecoutons comment Guyton de Morveau fait le tableau de ces misères du temps :

« C'est surtout pour les habitants de la campagne, « dit-il, que cet établissement aura une influence plus

« sensible. C'est par là que les médecins de la cam-
« pagne si ignorants pourront s'instruire. On sait ce
« qui se passe dans les petites villes et dans les cam-
« pagnes, et jusqu'à quel point l'ignorance présomp-
« tueuse se joue de la vie des citoyens. Celui-ci pro-
« digue le cristal minéral à un malade à qui tous les
« sels sont défendus, et quand on lui reproche de
« s'être écarté de la route tracée par le médecin, il
« demande avec étonnement si le cristal minéral est
« un sel. Celui-là a vu périr plusieurs de ses ma-
« lades dans des convulsions affreuses, et il n'en sait
« pas même assez pour soupçonner que ce qu'il leur
« a donné pour sel végétal, n'est autre chose que de
« l'alun calciné, corrosif des plus violents. Qui n'a
« pas eu cent fois à déplorer les malheurs qui ont
« été la suite de cette ignorance, qui enlevait un
« père à une famille nombreuse, une femme éco-
« nome à un cultivateur laborieux, un fils à sa mère
« dont il commençait à partager les travaux. Il faut
« chercher la cause de ce mal et lui assigner un re-
« mède : la cause est dans l'incapacité des gens de
« l'art ; le remède, c'est l'instruction. Cette instruc-
« tion, les chirurgiens ne peuvent pas aller la cher-
« cher à Paris ; il importe donc de la leur procurer
« dans la capitale de leur province, où ils sont obli-
« gés de venir chercher des maîtres, et où ils seront
« désormais bien plus attirés lorsqu'ils auront la

2

« perspective de cours gratuits sur les objets les plus
« importants : la botanique et la chimie. Car il sera
« bon que l'Académie ajoute à son cours de chimie
« quelques leçons de botanique et de matière médi-
« cale, afin que les élèves familiarisés par l'aspect
« des drogues les plus en usage, ne fassent plus de
« ces méprises, si funestes à l'humanité. »

Guyton se préoccupait plus encore des résultats
pratiques de la chimie, que de la théorie elle-même.
Il en voulait faire l'application aux arts industriels,
et spécialement à la métallurgie. Mais il songea d'a-
bord à l'appliquer à l'agriculture, le premier des
arts. A cette époque surtout, où l'on ignorait à peu
près complètement l'art d'améliorer les terres,
comme d'assainir et de féconder le sol le plus
rebelle à la production, le cultivateur avait besoin
d'être guidé par ceux qui étudiaient les diverses propriétés des corps. La chimie seule était capable de
fonder ce qu'on pourrait appeler la théorie de l'agriculture. Aussi l'Académie de Bordeaux invitait déjà
les savants à rechercher les éléments de l'argile et
les moyens de la fertiliser.

Il fallait un laboratoire proportionné à l'étendue
d'un pareil enseignement. Trouvant d'ailleurs dans
cette création une satisfaction de cœur et d'humanité,
Guyton la provoquait en ces termes : « Ce labora-
« toire, offrira aux habitants de Dijon une infinité de

« remèdes qu'ils demandent en vain aux apo-
« taihicres, soit parce qu'ils coûtent trop cher,
« ou parce que la préparation en est trop dif-
« ficile. Si la province était affligée d'épidémie,
« ce laboratoire deviendrait une pharmacie où l'on
« s'empresserait de préparer les remèdes les plus
« usuels pour les fournir gratuitement aux indi-
« gents. »

Ce projet qui devait porter des fruits si précieux
et accroître la renommée que la Bourgogne mérita
de tout temps par son culte pour les travaux de l'esprit, fut accueilli avec enthousiasme. L'Académie de
Dijon donna à son chancelier un emplacement pour
son laboratoire dans l'hôtel même qu'elle venait
d'acheter, et alloua la somme nécessaire à l'établissement de ces cours.

Quant à lui, avec un désintéressement presque
toujours inséparable de la vraie science, il se dévoua
à l'œuvre laborieuse qu'il avait entreprise, et le magistrat ne crut point déroger en montant dans la chaire
du professeur. Pendant treize ans, il poursuivit son
enseignement avec un succès qui ne se démentit
pas. L'élite de la province affluait à ses conférences ;
on vit même les conseillers du parlement s'asseoir sur
les bancs de l'amphithéâtre où il professait, et suivre
assidûment ces leçons auxquelles la nouveauté ajou·
tait tant d'attraits. « Messieurs, leur dit-il un jour

« en souriant, nous pourrions nous croire encore à
« l'audience. Chacun de nous est à sa place : vous,
« sur les rangs, moi, à mon siége, et vous jugez
« mes conclusions. Mais bien différents des arréts de
« la justice, les arréts de la science ne coûtent de
« larmes à personne, et ne tendent qu'au bien-être
« de tous. »

Le succès de ses cours le détermina à en publier
un résumé sous le titre d'*Eléments de chimie théo-
rique et pratique*. Cet ouvrage publié en 1776 et
en 1777, fut traduit en allemand et en espagnol, et
provoqua l'admiration de l'Europe savante.

Guyton comprit alors l'utilité que la science pourrait tirer de communications suivies avec les savants
étrangers. Poussé par ce désir d'apprendre, et cette
volonté que rien ne rebute, il se voua à l'étude des
langues vivantes. Il en apprit plusieurs, et put éta-
blir une correspondance active avec les principaux
chimistes d'Europe. Il traduisit plusieurs traités de
Bergmann, de Scheele et de Black, qu'il accompa-
gna d'une foule de notes précieuses, et l'on dit même
que sa femme (1) ne fut pas étrangère au mérite de
ces traductions. Mais bientôt ses travaux et ses décou-

_____

(1) Il épousa en 1798 dame Claudine Poullet, veuve en premières
noces de M. Picardet, membre de l'Académie de Dijon, et conseiller
à la Table de Marbre de cette ville.

vertes l'élevèrent au même rang que ces illustres
savants qu'il avait pris pour guides.

En 1772, il publia à Dijon ses *disgressions acadé-
miques*, ouvrage où il exposa ses idées sur le phlo-
gistique, fluide dont l'existence avait été admise (1)
pour expliquer les phénomènes dépendants de la
calcination des métaux et de la combustion des
corps. Il y développa également sur la cristallisation,
des opinions dont il a depuis, abandonné la plus
grande partie, mais qu'il soutint alors par des expériences fort ingénieuses. Mais la découverte qu'il fit
en 1773 du pouvoir des fumigations acides contre les
miasmes contagieux, mit le comble à sa renommée.

Depuis longtemps déjà, il travaillait à un traité sur
la désinfection des émanations putrides et sur les
moyens de prévenir ces fièvres contagieuses qui, à
cette époque où l'on ignorait les moyens d'en arrêter les progrès, faisaient d'effrayants ravages, et
moissonnaient trop souvent le malade et le médecin.
Il ne publia ce travail qu'en 1801. Il y développe
l'historique de sa découverte, en expose les éléments
fait connaître les résultats obtenus par l'emploi de ses
procédés, et rend hommage à M. Smith, qui de 1780
à 1795 en avait fait les applications les plus heureuses

---

(1) Par Sthah et ses successeurs.

dans les hôpitaux de Winchester, de Sheerness, ainsi que sur plusieurs vaisseaux de l'escadre anglaise.

Une analyse détaillée de cet ouvrage ne me paraît nullement nécessaire pour vous initier à cette importan'e découverte. Il sera plus intéressant, je crois, de vous faire assister à l'invention elle-même, de vous montrer comment elle fut inspirée par une calamité publique qui semblait sans remède, et quels moyens la Providence suggéra à cet esprit ingénieux pour la conjurer.

Les caves sépulcrales de la principale église de Dijon, l'église Saint-Etienne, se trouvaient remplies de cadavres, à la suite du terrible hiver de 1773 qui n'avait pas permis d'ouvrir la terre des cimetières, gelée à une grande profondeur. Lorsqu'on voulut procéder à l'évacuation de ces souterrains, on crut avoir pris des précautions suffisantes en y jetant de la chaux, sans même ouvrir des tuyaux d'échappement aux vapeurs. On ne soupçonnait pas ce qu'on aurait dû prévoir d'après les expériences faites à cette époque par le savant Macbride, que la chaux qui prévient la putréfaction, ne fait à un certain degré, que hâter le dégagement de ses miasmes. Aussi l'infection devient bientôt tellement insupportable qu'il fallut suspendre l'opération et fermer l'église.

On essaya sans succès de purifier l'air par la détonation du nitre, par les fumigations de vinaigre, en allumant des brasiers sur lesquels on jetait des parfums et des herbes odorantes ; en vain on arrosa le pavé d'une grande quantité de vinaigre anti-pestilentiel, connu sous l e nom de vinaigre des Quatre-Voleurs. L'odeur des effluves putrides momentanément masquée par ces opérations, reparaissait bientôt avec une nouvelle intensité. Déjà, elle se répandait dans les maisons voisines où les symptômes effrayants d'une fièvre contagieuse commençaient à se manifester. Il était temps d'y porter remède. Toutes les ressources de la routine étaient épuisées : on songea à consulter la science. On s'adressa au seul homme capable d'arrêter le fléau, et Guyton fut appelé comme un sauveur.

Il se mit avec ardeur à rechercher la solution de ce grand problème qui jusqu'à ce jour, avait semblé impossible à résoudre. Il analysa avec attention les gaz qu'il avait à combattre, et ses remarques jointes à ses observations antérieures, lui révélèrent que l'ammoniaque était le fond des miasmes exhalés par les décompositions putrides. Le premier terme du problème était trouvé.

Il ne restait plus qu'à choisir un corps qui saisissant l'ammoniaque, détruisît entièrement ces combinaisons pestilentielles, et mit fin au fléau. Un seul corps lui parut approprié à ce résultat. Ce fut l'acide muriatique connu de nos jours sous le nom d'acide chlorhydrique, dont les vapeurs, rencontrant l'ammoniaque dans le même état, se combinent avec lui, et forment instantanément un sel inoffensif qui retombe en neige sur le sol. Ces vapeurs salutaires, il devait les obtenir par la décomposition du sel ou chlorure de sodium, au moyen de l'acide sulfurique concentré (1).

Ce fut dans la soirée du 6 mars 1773, date mémorable dans les fastes de la chimie, que Guyton tenta l'épreuve de sa découverte.

On allait voir la science de l'homme aux prises avec l'un des plus terribles fléaux de la nature. Jusqu'alors l'humanité n'avait su que plier et mourir sous les coups de ce mal qui depuis l'origine des siècles, répandait la terreur et ravageait périodiquement la terre Il s'agissait de savoir s'il la décimerait toujours, ou si le génie de l'homme avait enfin trouvé le frein qui devait l'arrêter. L'heure était solennelle : une population alarmée tremblait dans l'attente, les yeux fixés sur celui qu'elle considérait comme le bras

(1) Le chlorure de sodium est une combinaison de chlore et de sodium ; l'acide sulfurique qui contient toujours un équivalent d'eau, cède au chlore, très avide d'hydrogène, l'hydrogène de son équivalent d'eau, ce qui donne naissance à l'acide chlorhydrique qui se dégage : l'oxygène de l'eau se porte sur le sodium qui se combine avec l'acide sulfurique pour former du sulfate de sodium.

de la Providence. Quel honneur, mais quel fardeau redoutable que celui de la confiance publique et de la responsabilité qui la suit ! Guyton se trouva à la hauteur de cette périlleuse situation, et rien ne peut être comparé à la grandeur des résultats qu'il obtint, si ce n'est la simplicité des moyens qu'il employa pour réussir.

Suivons-le dans ce temple qui n'est plus habité que par la mort et dont personne n'ose approcher. Il y pénètre sans crainte, ne portant avec lui, pour unique défense, qu'un peu de sel et quelques gouttes d'acide. Un instant lui suffit pour verser dans une cloche de verre six litres de sel qu'il arrose de deux livres d'acide sulfurique, et pour placer ce vase sur la cendre d'un réchaud qu'il allume afin de dégager plus rapidement les vapeurs qui vont s'emparer des miasmes pestilentiels et les détruire. Puis abandonnant avec confiance le succès de cette simple préparation aux mains toutes-puissantes de Dieu, il se retire et les portes du saint lieu se referment derrière lui.

Le lendemain on les rouvrit pour renouveler l'atmosphère. La science avait opéré son miracle et le fléau était conjuré. Il ne restait aucune trace d'infection, pas plus dans les caveaux que dans l'église. Quatre jours après elle était rendue au culte, et une foule empressée offrait des actions de grâces à Celui qui dispense le génie et l'emploie quand il veut au salut de ses créatures.

Ainsi une seule fumigation opérée dans des proportions presque insignifiantes, si l'on considère la grandeur de l'édifice, avait suffi pour purifier en une seule nuit un aussi vaste monument.

Une nouvelle épreuve vint bientôt donner à l'infaillibilité de cette découverte une consécration définitive.

Sur la fin de la même année, la fièvre des prisons, qui est de la même nature que la fièvre d'hôpital, avait été apportée dans la conciergerie de Dijon par des prisonniers transférés d'ailleurs. Trente et un malheureux avaient déjà succombé, et les progrès de la contagion menaçaient le reste, quand Guyton en fut informé.

« L'infection, dit-il, était si atroce dans l'un de « ces cachots, qu'on pouvait se présenter à l'entrée « sans soupçonner que le dernier cadavre en avait « été tiré : ce fut là l'expression unanime de tous « les assistants, lorsque j'y fis ma première visite. » Et cependant une grande quantité de paille y avait été brûlée : les murs, la voûte et la porte de fer en portaient encore les traces. Preuve irréfutable de l'impuissance du feu à désinfecter, et de l'erreur de la plupart des savants de l'époque qui s'obstinaient à lui attribuer cette vertu.

Guyton reprit donc la cloche et le réchaud, mit en contact le sel et l'acide sulfurique, et renouvela le prodige qu'il avait opéré huit mois auparavant à l'église Saint-Etienne. Le lendemain de la fumigation, l'infection avait tellement disparu, qu'un élève en chirurgie voulait y passer la nuit. Applaudissons, en passant, à ce généreux dévouement de la jeunesse dont nous nous sentirions tous capables.

A partir de ce moment, chaque année, et pour ainsi dire chaque jour, fut signalé par les bienfaits de cette découverte. On l'appliqua d'abord dans le midi de la France, où elle fit cesser une épizootie presque générale qui menaçait de réduire les paysans à la plus affreuse misère.

En l'an ii de la République, une épidémie violente éclata dans les hôpitaux militaires de l'intérieur, où un grand nombre de fiévreux et de blessés avaient été accumulés. On s'abusa longtemps en attribuant la mort de ces malheureux aux maladies qu'ils avaient apportées, ou aux suites de leurs blessures. Mais quand la contagion atteignit les officiers de santé et les servants, quand les bulletins funéraires se remplirent des noms des médecins eux-mêmes dont la réputation rendait la perte plus sensible, il fallut bien reconnaître la présence de la fièvre d'hôpital.

Guyton détermina la Convention à publier une

instruction qu'il rédigea sur les moyens d'en arrêter les progrès. Un conseil de santé fut nommé. Les fumigations furent employées avec le même succès, et si cette méthode n'a pas fait disparaître complètement la fièvre d'hôpital, du moins elle l'a rendue moins dangereuse et en a supprimé les effets contagieux.

Mais ce fut à l'armée de Sambre-et-Meuse que les fumigations acides rendirent les services les plus signalés. Les maladies avaient exercé dans les rangs plus de ravages que l'ennemi. Le typhus surtout, la décimait depuis longtemps et faisait à nos soldats une guerre impitoyable. En vain, on les transportait dans les hôpitaux : cette précaution même précipitait leur perte, car l'ennemi en se retirant y avait laissé la mort avec ses cadavres et ses mourants.

L'état de notre armée semblait désespéré, lorsque Guyton, nommé commissaire de santé, vint mettre un terme à tant de souffrances. Jusqu'à ce jour, tous ceux que le typhus avait touchés étaient voués d'avance à la mort. Mais grâce à sa méthode, on vit bientôt les malades se rétablir, et, le typhus atteint jusque dans ses racines, dut cesser ses ravages. On vit alors nos malheureux soldats à peine échappés au fléau, embrasser les genoux du savant qu'ils regardaient comme le sauveur de l'armée. Ceux que la violence du mal retenait encore sur leur lit de douleur, lui tendaient leurs mains décharnées, et tournant vers lui des regards d'espérance, murmuraient faiblement : « Merci. »

Plus heureux et non moins héroïque que ce grand capitaine qui ne pouvait que montrer son courage en touchant les plaies de ses soldats décimés par la peste, Guyton sut les conserver à la France. Le grand Carnot, ministre de la guerre, lui écrivit alors pour le remercier des services qu'il avait rendus à l'armée :

« Je vous remercie des notes que vous avez bien
« voulu m'envoyer..... Je me suis empressé de les
« transmettre au conseil de santé établi près de moi.
« Je dois au zèle qui vous anime pour la conserva-
« tion des hommes, la communication des observa-
« tions qui m'ont été faites sur cet objet qui m'a
« toujours paru de la plus haute importance. Le
« conseil de santé reconnait la solidité des prin-
« cipes sur lesquels repose votre doctrine : il les
« trouve parfaitement semblables à ceux qui formè-
« rent en l'an II la base de l'instruction publiée par
« l'ordre du comité de salut public. On n'a point
« oublié l'empressement avec lequel vous y concou-
« rûtes. Cette instruction fut distribuée dans le temps
« avec profusion, et *les moyens qui y sont indiqués*
« *furent mis en usage dans le cours de l'épidémie dont*

« *fut affligée à cette époque l'armée des Pyrénées occi-*
« *dentales.* Depuis, dans toutes les occasions où les
« circonstances l'ont exigé, on a renouvelé l'envoi
« de l'instruction et les ordres pour employer les
« moyens qu'elle indique. *Dans la cruelle maladie qui*
« *a fait de si grands ravages l'année dernière à l'armée*
« *d'Italie et dans les divisions méridionales, l'usage en*
« *a. été recommandé et suivi*..... Le conseil de santé
« m'a proposé de les insérer à la suite du formulaire
« dont il prépare une nouvelle édition. La simplifi-
« cation et l'économie qui les caractérisent ne lais-
« seront aucun prétexte pour s'en dispenser, et je
« donnerai les ordres les plus précis pour que l'on
« s'y conforme. »

La précieuse découverte n'était déjà plus renfer-
mée dans les lieux où flottait le drapeau de la
France. Depuis longtemps, elle avait passé les mers,
franchi les détroits, et dès 1780, l'Angleterre en avait
fait les applications les plus décisives dans ses hôpitaux et sur ses escadres. Aujourd'hui ses bienfaits sont
répandus par tout l'univers, et le nom de son in-
venteur doit être placé à côté de ceux de Scheele, de
Jenner, et de tant d'autres génies à jamais bénis de
Dieu et des hommes.

Guyton n'avait pas attendu la chute du parlement pour abandonner ses fonctions de judicature.

Leurs devoirs étaient devenus inconciliables avec des travaux scientifiques dont l'importance grandissait chaque jour. Peut-être même, lui laissa-t-on entendre que les plus brillantes découvertes n'avaient aucun rapport avec « l'édit du préteur, » car l'histoire rapporte qu'il se démit avec chagrin de sa charge, en 1782, après vingt-sept ans d'exercice. La Compagnie qu'il quittait se montra fière de conserver son nom sur ses cadres, et il reçut en se retirant le titre d'avocat général honoraire.

Devenu libre, il partagea son temps entre Dijon et Paris, et se livra sans réserve à ses études favorites. Il songea alors à reconstituer la chimie sur de nouvelles bases.

Longtemps avant que les découvertes modernes eussent donné à la chimie un corps pour ainsi dire nouveau, les savants qui la cultivaient avaient reconnu le besoin d'en modifier la nomenclature. Mais ce fut en 1782 que Guyton éveilla pour la première fois l'attention des chimistes sur la nécessité de donner aux composés des dénominations moins arbitraires, et mieux appropriées à leur nature et à leur classification.

A cette époque, la nouvelle chimie répandait déjà sa lumière sur les phénomènes les plus délicats de la nature. Elle jetait un si vif éclat qu'elle entraînait

les esprits les plus prévenus. Mais elle manquait
encore d'une langue rationnelle et méthodique pour
classer et formuler les nouvelles découvertes, et
pour mettre fin tant au langage énigmatique des
alchimistes qu'aux fausses théories des chimistes
systématiques qui avaient rayé du nombre des
faits ceux qui ne cadraient pas avec leurs idées,
et dénaturé complètement ceux qu'ils avaient daigné
conserver. La confusion dans les termes était donc
extrême ; le même corps avait souvent plusieurs
dénominations, et la plupart des noms en usage
reposaient sur les analogies les plus éloignées
et les plus vulgaires. On disait, par exemple :
« *Huile de vitriol, beurre d'antimoine, foie de soufre,*
« *crême de tartre, sucre de saturne.* » Les chimistes
avaient emprunté le langage des cuisinières et des
épiciers, déguisant ainsi, sous des noms inoffensifs,
les poisons les plus dangereux.

Toutefois, à côté de ces noms bizarres, on en ren-
contre d'autres, dans lesquels se manifeste cette ten-
dance de l'esprit humain, à classer ensemble les
choses qui se ressemblent, à mesure que les analogies se découvrent : Ainsi la dénomination ancienne
de *vitriol*, appliquée d'abord au sulfate de fer, avait
été étendue à d'autres sulfates, et l'on distinguait le
vitriol de fer ou vitriol vert, le vitriol de cuivre ou
vitriol bleu, le vitriol de zinc ou vitriol blanc, la

potasse vitriolée que l'on appelait encore tartre vitriolé.

Le besoin d'ordre et de clarté avait donc déjà suscité des tentatives pour rassembler dans les mêmes groupes et sous des noms génériques communs, les corps qui se ressemblaient par leurs propriétés et leurs modes de formation. Mais ces tentatives étaient partielles, privées d'ensemble et d'unité, livrées à l'arbitraire de chacun, et une nomenclature générale investie d'une autorité assez grande pour s'imposer au monde savant, restait à créer. C'est cette importante réforme que Guyton osa entreprendre.

Il la commença en publiant un ouvrage sur la nomenclature, et en présentant à l'Académie des sciences un mémoire dans lequel il sollicite les objections de ceux qui cultivent la chimie. Il va plus loin : avec un désintéressement qui touche à l'héroïsme, il offre à ses confrères qui voudront le seconder dans la réforme qu'il provoque, le sacrifice de ses propres idées et même de ses travaux commencés. Admirons comme inouï peut-être, dans les annales de la science, cette abnégation du savant qui immole sa propre gloire aux purs intérêts de la vérité. Exemple mémorable et peu contagieux pour ces coureurs de renommée qui se hâtent de prendre date de leurs découvertes les plus contestables et d'y attacher leur nom.

Ce généreux appel ne pouvait rester sans écho. Il fut entendu de tous ceux qui prenaient à cœur les progrès de la chimie. L'Académie des sciences nomma des commissaires pour étudier et résoudre cet important problème. Cette commission dont Lavoisier fut véritablement l'âme, réussit à fonder la nomenclature dont Guyton avait présenté les premiers essais, et s'il n'eut pas la gloire d'avoir accompli seul ce qu'il avait médité, l'honneur d'avoir provoqué cette importante réforme, d'en avoir le premier fait sentir énergiquement la nécessité, lui appartient tout entier.

Cet esprit fécond n'était pas épuisé. Il entreprit un travail immense : le *Dictionnaire de chimie* et de l'*Encyclopédie méthodique*. On admira beaucoup le discernement avec lequel il sut choisir et divulguer parmi les travaux modernes, ce que les étrangers avaient produit de plus intéressant et de plus exact. Son article sur les acides, qui passe encore aujourd'hui pour un chef-d'œuvre, frappa surtout l'attention des savants, et l'Académie des sciences lui décerna le prix qu'elle offrait chaque année à l'ouvrage le plus remarquable et le plus utile.

Il semble que cet esprit investigateur et préoccupé surtout des résultats pratiques d'une découverte, n'ait rien voulu laisser d'inexploré dans les champs de la

science. En 1783 et 1784, il fit à Dijon quelques expériences aérostatiques. Pendant plusieurs années
il essaya d'en faire d'utiles applications, notamment pour l'extraction de l'eau des mines. Mais l'essai de ce procé dé ne répondant pas à ses espérances,
il s'empressa de l'abandonner. Il utilisa pourtant
ces travaux dans une circonstance mémorable qui
mérite de nous arrêter un instant.

Nommé commissaire à l'armée du Nord, en 1794,
il la trouva dans la plus pénible des situations, l'in-
certitude des mouvements de l'ennemi. Jour et nuit,
pour ainsi dire, sous les armes, de peur d'une sur-
prise, le soldat commençait à ressentir une fatigue
qui pouvait devenir fatale au succès de la campagne.
En vain les chefs s'assemblaient pour trouver une
issue à cet état de choses, et lançaient des éclaireurs
dans toutes les directions. Le salut leur vint du côté
où ils l'attendaient le moins.

Guyton avait été accueilli dans le camp par de
dédaigneux sourires. « A quoi, pensait le citoyen
ministre de la guerre, de leur envoyer un chimiste,
un robin pour surveiller des opérations militaires. Il
suffisait d'envoyer son écharpe, elle leur aurait
autant servi. »

Mais on cessa de rire lorsque le savant annonça
qu'il pouvait mettre fin aux perplexités de l'armée,
et qu'on le vit s'élever dans un ballon pour explorer

les mouvements de l'ennemi. Cet éclair de génie
réalise avec cet élan de patriotisme si commun alors
et qui ne connaissait rien d'impossible, fut accueilli
avec un enthousiasme indescriptible. Bientôt, l'armée rencontrait enfin ceux qu'elle brûlait de combattre, et la bataille de Fleurus venait rassurer la
patrie. On vit même pendant le feu, cet homme intré-
pide s'élever dans les airs et mépriser les canons di-
rigés contre lui, pour envoyer d'utiles bulletins à
nos généraux. Les fables les plus merveilleuses de
l'antiquité étaient dépassées. Dédale et Icare prenant
des ailes pour fuir l'esclavage, n'ont rien de
comparable à ce prodige de la science, à ce
noble courage bravant tous les périls pour servir
son pays.

Là ne se bornèrent pas les services qu'il rendit à
nos armées. Elles lui durent encore d'ingénieux et
précieux perfectionnements pour la fabrication des
poudres et du salpêtre.

La nation sut apprécier ses travaux mémorables,
car, après le 9 thermidor, il fut réélu membre du
comité de salut public. Il y fit plusieurs rapports
remarquables sur les questions relatives à l'industrie, aux sciences et aux arts. Plus tard, au conseil
des Cinq-Cents, il s'occupa non moins utilement des
finances et de la navigation intérieure.

Il eut aussi la gloire de participer avec Carnot, Monge et Prieur, ses compatriotes, à la fondation de l'une des plus importantes institutions de cette époque, celle de l'Ecole polytechnique, à qui la France doit tant d'illustrations scientifiques et militaires. Non seulement il contribua à la fonder, il eut encore l'honneur d'y occuper la chaire de chimie pendant onze années, et fut même élevé à la direction de l'Ecole.

Il concourut également comme administrateur de la monnaie, à l'établissement de notre système monétaire, que sa perfection a fait successivement adopter par un grand nombre de nations.

Une heureuse fatalité semble avoir attaché son nom à la plupart des grandes découvertes et des meilleures institutions de cette époque. Aussi Napoléon, qui partageait l'admiration générale pour cet homme supérieur, lui décerna le titre de baron de Morveau, et le créa officier de la Légion d'honneur.

Guyton appartint à toutes les sociétés savantes de son temps ; chacune d'elles s'est fait honneur de l'admettre dans son sein. Il fut membre notamment de la Société royale de Londres, et de l'Institut de France, dès l'époque de sa formation. L'un des travailleurs les plus infatigables de cette illustre compagnie, chaque année il lui présentait des mémoires

offrant tous un intérêt sérieux pour les arts et la
science, et appuyés pour la plupart sur des expériences importantes. Citons entre autres ses expériences sur la combustion du diamant ; sur la con-
gélation de l'acide sulfurique concentré ; sur les
ciments propres à bâtir sous l'eau ; ses recherches
sur la nature de l'acier, sur le platine, le bleu de
Prusse, l'acide oxalique ; les expériences mémorables
qu'il fit à plusieurs reprises sur les affinités, sur la
composition des sels, sur celles de certains gaz.
Nommons encore son pyromètre, instrument propre
à mesurer les hautes températures, celles par exemple, des hauts-fourneaux ; sa découverte, d'un métal uniquement composé de magnésie et d'acide car-
bonique (1) ; ses études pour la fabrication du rouge
à polir les glaces et l'acier, et tant d'autres qui attes-
tent l'universalité de ses recherches et la prodigieuse
activité de son esprit.

Ces travaux sont trop nombreux pour qu'on
s'étonne qu'ils n'offrent pas tous ces caractères de
précision et d'exactitude sévère que les chimistes et
les physiciens de nos jours demandent aux expé-

---

(1) Guyton se trompait lorsqu'il crut avoir trouvé un métal. Ce
corps n'était autre chose que du carbonate de magnésie qui n'a
nullement la nature métallique.

riences scientifiques. Aussi, malgré son érudition, plusieurs des résultats qu'il a obtenus ont été justement attaqués et sont tombés dans l'oubli. Les évènements publics auxquels il fut mêlé lui ont offert sans doute, d'importantes occasions d'utiliser son vaste savoir, mais les agitations de la politique ne lui ont pas toujours laissé le recueillement nécessaire pour approfondir tant de sujets à la fois et fonder un véritable monument. Toutefois il a fait trop de grandes choses et trop de bien pour que son nom s'efface jamais de la mémoire des hommes.

Je n'ai fait qu'indiquer la part que Guyton de Morveau a prise aux évènements de la Révolution. Son rôle y fut trop secondaire pour occuper une place dans l'histoire, et si je ne m'abuse, il me semble aussi qu'il l'a rempli moins en homme politique qu'en savant. Partout, en effet, où le portent l'estime et le suffrage de ses concitoyens, nous le voyons mettre à profit sa nouvelle situation pour enrichir la science de nouvelles applications, et transporter, pour ainsi dire, son laboratoire à la Convention, comme au comité du Salut public et aux diverses assemblées dont il fut membre.

Ce n'est pas qu'il se soit montré spectateur indifférent et muet des évènements qui s'accomplissaient sous ses yeux. Son âme, au contraire, avait embrassé

avec une louable ardeur la réforme des abus et la
réparation des iniquités séculaires, entreprise par la
Révolution. En lui, le magistrat devait gémir des
privilèges des grands et de l'oppression des faibles,
revendiquer pour tous les hommes l'égalité des
droits et des devoirs, et le savant, rêver ces progrès
merveilleux et innombrables que l'affranchissement
de l'industrie promettait et nous a donnés.

Mais une fois engagé sur cette pente séduisante,
Guyton de Morveau fut malheureusement entraîné
au-delà des bornes légitimes. Assis sur les bancs de
nos assemblées, à côté de Carnot, de Monge, de
Prieur, ses émules dans les sciences, de Berlier,
versé comme lui dans la connaissance des lois, tous
quatre ses amis et ses compatriotes, il partagea leurs
fautes en votant la mort de Louis XVI et en subis-
sant la solidarité des mesures à jamais déplorables,
décrétées contre des malheureux innocents des
injustices du passé, et frappés pour les torts de leurs
ancêtres.

Toutefois, on doit dire à sa décharge que son
cœur désavoua ces fatales erreurs, et qu'il employa
toujours son influence à les prévenir ou à les répa-
rer. Plus d'une fois même, il exposa sa popularité et
sa vie pour soustraire à la mort des infortunés que le
tribunal révolutionnaire attendait. Dans le milieu
funeste où l'avaient porté les circonstances, il dé-

tournait les yeux pour ne pas voir des égarements
qu'il réprouvait et des sacrifices sanglants qu'il ne
pouvait empêcher. Aussi l'avons-nous vu à la Convention, comme au comité du Salut public, s'appliquer constamment et surtout à mettre ses connaissances spéciales au service du pays. Tandis que le
grand Carnot, son collègue, organisait la victoire,
placé près de lui, il organisait l'enseignement scien-
tifique, désinfectait les hôpitaux et les camps, posait
les fondements de l'Ecole polytechnique, perfection-
nait les instruments et les matériaux nécessaires
à la guerre et à l'industrie.

Li grandeur de ces services ne permet pas de con-
fondre un tel homme avec les monstres parmi lesquels il eut le malheur de vivre. Le bien et le bon
ont toujours été la rançon du mal. L'histoire sacrée
elle-même, nous montre la gloire couvrant le re-
pentir de ses rayons.

La Bourgogne a-t-elle repoussé de son sein ces
glorieux enfants que la Révolution avait placés si haut?
Elle a pu pleurer leurs écarts ; mais elle n'a pas cessé
de s'enorgueillir de leur avoir donné le jour.

Faisons comme elle, et ne soyons pas plus rigou-
reux que le Dieu qui pardonne. Les Bourbons eux-
mêmes ont distingué Guyton de Morveau de leurs
nombreux adversaires, et leur clémence l'a amnistié.
A leur retour, il ne pouvait plus conserver avec

dignité, les fonctions publiques qu'il occupait ; il en fut dédommagé par une pension équivalente à son traitement, hommage rendu sans doute, à une glorieuse pauvreté non moins qu'à la grandeur de ses talents et de ses services.

Guyton de Morveau ne jouit pas longtemps de cette faveur. Un affaiblissement graduel amené par les années, et peut-être par les désillusions de la vie, le conduisit au tombeau, et le 2 janvier 1816, il expirait à l'âge de 79 ans, sans laisser d'héritier de son nom.

J'ai osé approcher de cette tombe, depuis si longtemps fermée. Aucune trace de pas, aucune couronne, aucun signe n'indiquait qu'elle eût reçu depuis plus d'un demi-siècle, l'hommage de quelques regrets ou d'un souvenir. L'oubli qui semblait l'envahir me serra le cœur, et mes regards respectueux cherchèrent à y lire ce que la religion et la reconnaissance publique y avaient gravé pour l'instruction des vivants. Mais le temps avait accompli son œuvre ; les ronces, les mousses, l'humidité dévorante avaient fait disparaître la plupart des titres que le marbre devait transmettre à la postérité. A part quelques vestiges de burin respectés par la lime du temps, la plupart des caractères étaient illisibles et défigurés.

Alors, comme ce personnage obscur d'un autre âge (1), je m'agenouillai devant le triste monument pour en restaurer les inscriptions effacées. D'une main malheureusement inhabile et mal assurée, j'essayai de rétablir les caractères altérés, je m'efforçai de restituer à cette mémoire délaissée, les titres qu'elle avait à nos souvenirs, appelant de tous mes vœux le jour où une main plus exercée lui élèvera un monument digne d'elle et, permettez-moi de le dire, de ceux qui m'ont honoré d'une si bienveillante attention.

---

(1) Robert Paterson, connu sous le nom populaire d'*Old Mortality*, vieillard de la mort, que Walter Scott représente dans les *Puritains d'Écosse*, a la recherche des tombeaux de ses correligionnaires, pour y restaurer les inscriptions effacées.

# ÉPILOGUE.

Deux ans après l'époque où ce discours était prononcé, un journal de Dijon, le BIEN PUBLIC, publiait dans son numéro du 28 avril 1871, les lignes suivantes :

## NÉCROLOGIE.

Un jeune homme de notre ville, appartenant à une honorable famille, est mort, il y a quelques jours, à Perpignan, et ramené dans sa ville natale ; il a été inhumé hier au milieu d'un grand concours d'amis.

M. Emmanuel Lagier était à la fleur de l'âge ; il avait interrompu ses études de droit pour se faire soldat. Il était entré, il y a six mois environ, dans le 42e de ligne, où il était caporal. La mort est venue

l'enlever à l'affection des siens et détruire les espérances que donnaient sa belle intelligence et les
rares qualités de son cœur.

Pauvre jeune homme, lui aussi a pu dire :

Au banquet de la vie, infortuné convive
J'apparus un jour et je meurs.

Mais, sur sa tombe, tous ceux qui l'ont connu ver-
seront des pleurs.

Deux de ses amis ont prononcé des discours sur
cette tombe encore entr'ouverte.

M. F.-L Cournot s'est exprimé en ces termes :

MESSIEURS,

C'est au nom de nombreux amis que je viens
adresser un dernier et poignant adieu à celui qui
leur fut si cher, et l'expression de leurs doulou-
reuses sympathies à sa famille si cruellement
frappée.

Emmanuel Lagier allait atteindre sa vingt et
unième année. Après une année d'études juridiques,
pendant laquelle il nous a donné l'exemple du travail et de l'assiduité, il passa un brillant examen
qui faisait présager des succès plus éclatants, auxquels nous nous réjouissions d'applaudir.

A ce moment, les désastres de nos armées venaient de plonger la France dans le deuil et la consternation. Comment vous redire les souffrances de ce généreux cœur? Chaque fois qu'il songeait à nos revers, c'était pour exprimer le désir de les venger. L'amour de l'étude fit place à la noble résolution de marcher au secours de la patrie ; il eut à triompher des inquiétudes d'un père, des larmes d'une mère, de sa vive affection pour ses sœurs, et le 22 septembre dernier, nous partions ensemble pour rejoindre nos régiments.

S'il est des heures de notre existence qui doivent rester à jamais gravées dans la mémoire, assurément celles que je passai avec lui dans cette circonstance, ne peuvent s'effacer de la mienne. C'est dans ce trop court entretien que j'appréciai dans toute leur étendue, les trésors inépuisables que renfermait cette nature d'élite. Ceux d'entre vous qui l'ont connu, rendront hommage avec moi à la loyauté de son caractère, à l'exquise délicatesse de ses sentiments, à cette douce et joyeuse humeur qui captivait si vite ceux qui l'approchaient, enfin à la profondeur de ses sentiments religieux.

Tel était celui que nous venons d'accompagner à sa dernière demeure.

Repose en paix, cher ami ; ta mémoire restera au fond du cœur de tous ceux qui t'ont connu.

4

M. le docteur Laguesse a ensuite prononcé le discours suivant :

### CHERS CAMARADES,

C'est le cœur brisé que je viens en votre nom,
dire un dernier adieu à notre pauvre ami qui n'est
plus. Je vous remercie de m'avoir honoré de cette
douloureuse mission.

Vous connaissez tous, mieux que moi, nouveau
venu parmi vous, le camarade que nous avons
perdu ; car tous, vous saviez les nobles qualités qui
le distinguaient.

Emmanuel Lagier s'était attiré l'amitié sans réserve de tous ceux qui avaient avec lui un commerce
habituel, il s'était concilié la sympathie de tous les
autres.

Bon et bienveillant, toujours d'humeur égale, affectueux et aimant, il réunissait les plus charmantes
qualités du cœur et de l'esprit ; intelligent et laborieux, il avait marqué ses premiers pas à l'École, par
un succès qui n'avait pas trouvé de jaloux, et qui
n'était que le prélude d'un brillant avenir.

### CHERS CAMARADES,

Il y a quelques mois à peine, Lagier nous quittait
pour remplir le devoir que le pays impose à chacun
de ses enfants ; je l'entends encore me faire ses

adieux : son cœur généreux éclatait dè douleur à la vue des désastres de la patrie, et c'est non-seulement sans regret, mais encore avec enthousiasme, qu'il allait payer la dette sacrée ; n'eût été la douleur de ses parents adorés, qui ne pouvaient se défendre de sombres pressentiments, c'est la joie au cœur qu'il partait pour l'armée.

Il ne dépendit pas de lui de suivre les bataillons de guerre sur les champs de bataille ; après avoir rapidement mérité le grade de sous-officier à deux reprises différentes, il fut retenu au corps par le mauvais état de sa santé ; et voilà qu'une inexorable maladie vient de l'enlever à notre affection : ses forces physiques ne répondaient pas à son énergie morale ; trop fragile était la poitrine du noble enfant pour le cœur qu'elle renfermait !

Et maintenant,

### Mes chers camarades,

Un dernier mot à ces excellents parents qui, plus que nous encore, ont le droit de le pleurer, atteints dans leur affection la plus sainte, par une de ces douleurs dont on ne se console pas; qu'ils reçoivent ici la seule consolation que peut leur offrir notre impuissante sympathie ; qu'ils sachent bien que leur deuil est aussi notre deuil, que nous connaissons bien toute l'étendue de leur affliction, puisque sachant quel ami nous perdons, nous savons quel enfant leur est enlevé!

Emmanuel, mon cher camarade, reçois le dernier adieu de tes condisciples, qui conserveront toujours ta mémoire!

Emmanuel, *envoyé par Dieu*, Dieu te rappelle à lui, nous n'avons qu'à nous soumettre et à pleurer.

IMP. J OBARD.

www.ingramcontent.com/pod-product-compliance
Lightning Source LLC
LaVergne TN
LVHW022032080426
835513LV00009B/999